a
lua
no
cinema

a lua no cinema

E OUTROS POEMAS

SEGUINTE
O selo jovem da Companhia das Letras

ALEXANDRE O'NEILL
ANTONIO CICERO
ARNALDO ANTUNES
CACASO
CAETANO VELOSO
CAMILO PESSANHA
CARLOS DRUMMOND DE ANDRADE
EUGÉNIO DE ANDRADE
FERNANDO PESSOA
FERREIRA GULLAR
FIAMA HASSE PAIS BRANDÃO
GASTÃO CRUZ
JOÃO CABRAL DE MELO NETO
JOSÉ PAULO PAES
MANOEL DE BARROS
MÁRIO QUINTANA
MURILO MENDES
PAULO LEMINSKI
SOPHIA DE MELLO BREYNER ANDRESEN
VINICIUS DE MORAES

ORGANIZAÇÃO EUCANAÃ FERRAZ

grafia atualizada segundo o acordo ortográfico da língua portuguesa de 1990, que entrou em vigor no brasil em 2009.

o selo Seguinte pertence à Editora Schwarcz S.A.

capa e projeto gráfico
warrakloureiro
ilustrações
fabio zimbres
cotejo
fábio frohwein de salles moniz
revisão
ana luiza couto
jane pessoa

Dados Internacionais de Catalogação na Publicação (CIP)
(Câmara Brasileira do Livro, SP, Brasil)

A lua no cinema e outros poemas / organização Eucanaã Ferraz. — São Paulo: Companhia das Letras, 2011.

Vários autores.
ISBN 978-85-359-1932-5

1. Poesia — Coletâneas — Literatura infantojuvenil
I. Ferraz, Eucanaã.

11-07212 CDD-028.5

Índices para catálogo sistemático:
1. Poesia : Antologia : Literatura infantil 028.5
2. Poesia : Antologia : Literatura infantojuvenil 028.5

14ª reimpressão

editora schwarcz S.A.
rua bandeira paulista, 702, cj. 32
04532-002 – são paulo – sp – brasil
telefone: (11) 3707-3500
www.seguinte.com.br
contato@seguinte.com.br

/editoraseguinte
@editoraseguinte
Editora Seguinte
editoraseguinteoficial

sumário

na entrada

Coisas nunca vistas — loucas, belas, terríveis — surgem de repente. Para que isso aconteça, basta um gesto simples, como apertar uma tecla: *on*.

Para manejar impressoras, máquinas fotográficas ou liquidificadores é suficiente usar uma vez. Mas, quando se trata de poemas, estamos sempre recomeçando. Esses estranhos arranjos de palavras não trazem manuais de usuário — de leitor — e, assim, cada texto deve ser instalado e ligado em nós de um modo específico.

A primeira desconfiança é, portanto, a de que acionamos algo sem saber ao certo o que fazer depois disso. Mas é assim mesmo. O processo já começou. É durante a leitura que vamos descobrindo — ou melhor, inventando — o funcionamento de tudo. E os versos, por sua vez, também desvendam certos mecanismos do nosso corpo e da nossa alma que, se não fossem aquele poema, aquele autor, aquela palavra ao lado daquela outra, permaneceriam secretos até para nós mesmos.

Na leitura, fabricam-se, ao mesmo tempo, texto, autor e leitor. A leitura nos modifica.

Máquinas — as mais comuns e as mais complexas — têm sempre alguma utilidade imediata: torrar, moer, costurar, soldar, tocar música, mostrar imagens, esfriar o ar, esquentar o ar, investigar doenças, fotografar e por aí vai. Mas os poemas, ao contrário, não têm qualquer finalidade. Ou melhor, eles fazem uma coisa que não tem nenhum valor prático: produzem significados. Incessantemente. E, com isso, nos dão o inigualável prazer de pensar, imaginar e sentir.

Mas, afinal, de que falam e como falam os poemas?

Neste livro — que reúne autores brasileiros e portugueses — há versos líricos, reflexivos, bem-humorados, lúdicos, distribuídos em quatro partes.

A primeira chama-se "O verbo ser e outros verbos" e mostra uma visão do homem no tempo: começa no nascimento, passa pela infância, juventude, maturidade e chega ao envelhecimento. Na segunda parte, "Não sei se isto é amor e outras dúvidas", os versos andam às voltas com as incertezas e hesitações da paixão — a sexualidade, os encontros, os relacionamentos, os contratempos. "Na ribeira deste rio e outras paisagens", a terceira parte, reúne textos voltados para a natureza, para as coisas. Na quarta e última, "Não coisa e outras coisas", tudo se confunde com a poesia: seres e coisas se misturam e se transformam, superando diferenças e limites.

Mas o principal é que, em todos os poemas, espaços, tempos, sentidos se embaralham e, no entanto, o mundo nunca foi tão real.

Há quem julgue os versos e os livros que os reúnem como aglomerados de matéria morta: pesos imóveis em salas fechadas e escuras. Mas, ao contrário, são máquinas extraordinárias, ligadas à vida e ao mundo. Para fazê-las funcionar — ou ainda, para compreendê-las — basta um gesto simples. E a curiosidade de quem entra numa sala de cinema.

e.f.

1

yerbo ser e outros verbos

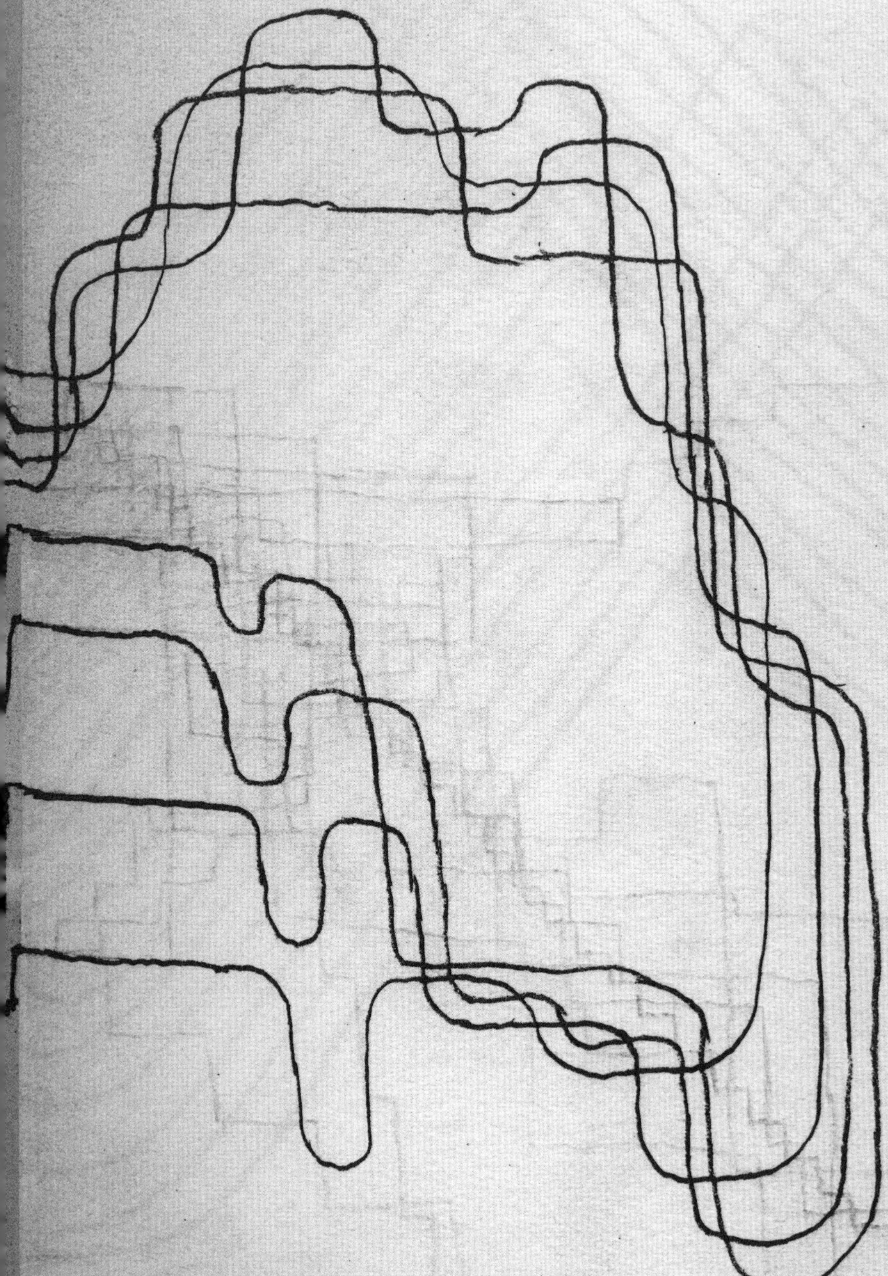

boas-
-vindas

CAETANO VELOSO

Sua mãe e eu
seu irmão e eu
e a mãe do seu irmão
minha mãe e eu
meus irmãos e eu
e os pais da sua mãe
e a irmã da sua mãe
lhe damos as boas-vindas
boas-vindas, boas-vindas
venha conhecer a vida
eu digo que ela é gostosa
tem o sol e tem a lua
tem o medo e tem a rosa
eu digo que ela é gostosa
tem a noite e tem o dia
a poesia e tem a prosa
eu digo que ela é gostosa
tem a morte e tem o amor
e tem o mote e tem a glosa
eu digo que ela é gostosa
eu digo que ela é gostosa
sua mãe e eu
seu irmão e eu
e o irmão da sua mãe

a um recém-nascido

JOSÉ PAULO PAES

Que bichinho é este
tão tenro
tão frágil
que mal aguenta o peso
do seu próprio nome?

— É o filho do homem.

Que bichinho é este
expulso de um mar
tranquilo, todo seu
que veio ter à praia
do que der e vier?

— É o filho da mulher.

Que bichinho é este
de boca tão pequena
que num instante passa
do sorriso ao bocejo
e dele ao berro enorme?

— É o filho da fome.

Que bichinho é este
que por milagre cessa
o choro assim que pode
mamar numa teta
túrgida, madura?

— É o filho da fartura.

Que bichinho é este
cujos pés, na pressa
de seguir caminho
não param de agitar-se
sequer por um segundo?

— É o filho do mundo.

Que bichinho é este
que estende os braços curtos
como se tivesse
já ao alcance da mão
algum dos sonhos seus?

— É um filho de Deus.

infantil

MANOEL DE BARROS

O menino ia no mato
e a onça comeu ele.
Depois o caminhão passou por dentro do corpo do menino
e ele foi contar para a mãe.
A mãe disse: mas se a onça comeu você, como é que
o caminhão passou por dentro do seu corpo?
É que o caminhão só passou renteando meu corpo
e eu desviei depressa.
Olha, mãe, eu só queria inventar uma poesia.
Eu não preciso de fazer razão.

canção dos dias grandes

GASTÃO CRUZ

A tarde não termina
porque o dia se esquece
de correr a cortina
pra que ele próprio cesse

É dia é dia ainda
vamos brincar correr
depois será bem-vinda
a noite que vier

E um frio tão fino
tão pouco já, tão leve
joga com o menino
no crepúsculo breve

sou seu sabiá

CAETANO VELOSO

Se o mundo for desabar sobre a sua cama
e o medo se aconchegar sob o seu lençol
e se você sem dormir
tremer ao nascer do sol
escute a voz de quem ama
ela chega aí

Você pode estar tristíssimo no seu quarto
que eu sempre terei meu jeito de consolar
é só ter alma de ouvir
e coração de escutar
eu nunca me canso do uníssono com a vida

Eu sou
sou seu sabiá
não importa onde for
vou te catar
te vou cantar
te vou, te vou, te dou, te dar

Eu sou
sou seu sabiá
o que eu tenho eu te dou
Que tenho a dar?
Só tenho a voz
Cantar, cantar, cantar, cantar

verbo ser

CARLOS DRUMMOND DE ANDRADE

Que vai ser quando crescer? Vivem perguntando em redor. Que é ser? É ter um corpo, um jeito, um nome? Tenho os três. E sou? Tenho de mudar quando crescer? Usar outro nome, corpo e jeito? Ou a gente só principia a ser quando cresce? É terrível, ser? Dói? É bom? É triste? Ser: pronunciado tão depressa, e cabe tantas coisas? Repito: ser, ser, ser. Er. R. Que vou ser quando crescer? Sou obrigado a? Posso escolher? Não dá para entender. Não vou ser. Não quero ser. Vou crescer assim mesmo. Sem ser. Esquecer.

o bolo

CARLOS DRUMMOND DE ANDRADE

Na mesa interminável comíamos o bolo
interminável
e de súbito o bolo nos comeu.
Vimo-nos mastigados, deglutidos
pela boca de esponja.

No interior da massa não sabemos
o que nos acontece mas lá fora
o bolo interminável
na interminável mesa a que preside
sente falta de nós
                                        gula saudosa.

o adolescente

MÁRIO QUINTANA

A vida é tão bela que chega a dar medo.

Não o medo que paralisa e gela,
estátua súbita,
mas

esse medo fascinante e fremente de
[curiosidades que faz
o jovem felino seguir para a frente farejando
[o vento
ao sair, a primeira vez, da gruta.

Medo que ofusca: luz!

Cumplicemente,
as folhas contam-te um segredo
velho como o mundo:

adolescente, olha! A vida é nova...
A vida é nova e anda nua
— vestida apenas com o teu desejo!

prova

ANTONIO CICERO
para José Miguel Wisnik

Traçada em vermelho sangue, a nota, sob
o triângulo retângulo formado
por uma dobra ao canto superior
direito da folha de papel almaço
pautado que suportara aquela prova
final de matemática, reprovava-o.
Justa recompensa para quem em toda
aula refolhando-se em si mesmo, sáfaro,
ensimesmado e contudo alienado
de si, não reconhece jamais a imagem
pura que dele o duro espelho cifrado
da matemática, ao refletir, refrange.
Distrai-se a ouvir sirenes, risos de moças
lá longe, lotações, bondes, bicicletas
a fugir da escola rumo a nebulosas
destinações. Vê que esqueceu a caneta.
Acha um toco de lápis que com os dentes
e as unhas aponta e, surdo para leis
que alguém que não ele mesmo delibere —
gênio, deus, demônio, anjo, monstro ou rei —,
debruça-se em seu caderno a rabiscar
quiçá uma gramática especulativa
ou uma característica universal
excogitada por via negativa
e abstrusa, e acintosamente descura
das matérias do curso e dos professores
e alunos que o cercam e jamais capturam.

A sineta toca. Pelos corredores
pensa no pai, na mãe, na avó, no vexame
e na decepção de todos. Seu fastio
é enorme: despreza a vida e a gravidade
com que a encaram. Pondera o suicídio
e se sente mais leve. Pode atirar-se
do terraço do prédio do consultório
do seu dentista, alto sobre a cidade.
Fora da escola toma um sorvete e um ônibus
até o ponto final, no centro. Caminha
até o edifício, pega o elevador
até o último andar, depois ainda
galga um lance de escadas e alcança ao pôr
do sol a cidade alâmbar a seus pés.
Decide escrever uma carta ou uma nota
no próprio papel da prova, mas cadê
o toco de lápis? Largara-o na escola.
Resolve deixar para alguma outra hora
o suicídio. Dobra o papel, desdobra,
dobra e o solta a dar voltas, revoltas, voltas
acima de todas as coisas, gaivota.

amigo

ALEXANDRE O'NEILL

Mal nos conhecemos
inauguramos a palavra "amigo"!

"Amigo" é um sorriso
de boca em boca,
um olhar bem limpo,
uma casa, mesmo modesta, que se oferece,
um coração pronto a pulsar
na nossa mão!

"Amigo" (recordam-se, vocês aí,
escrupulosos detritos?)
"amigo" é o contrário de inimigo!

"Amigo" é o erro corrigido,
não o erro perseguido, explorado,
é a verdade partilhada, praticada.

"Amigo" é a solidão derrotada!

"Amigo" é uma grande tarefa,
um trabalho sem fim,
um espaço útil, um tempo fértil,
"amigo" vai ser, é já uma grande festa!

[meus amigos]

PAULO LEMINSKI

meus amigos
quando me dão a mão
sempre deixam
outra coisa

presença
olhar
lembrança calor

meus amigos
quando me dão
deixam na minha
a sua mão

livre-arbítrio

CACASO

Todo mundo é toureiro.
Cada um escolhe o
touro que quiser na vida.
O toureiro escolheu o
próprio
touro

uns

CAETANO VELOSO

Uns vão
uns tão
uns são
uns dão
uns não
uns hão de
uns pés
uns mãos
uns cabeça
uns só coração
uns amam
uns andam
uns avançam
uns também
uns cem
uns sem
uns vêm
uns têm
uns nada têm
uns mal
uns bem
uns nada além
nunca estão todos

uns bichos
uns deuses
uns azuis
uns quase iguais
uns menos
uns mais
uns médios
uns por demais
uns masculinos
uns femininos
uns assim
uns meus
uns teus
uns ateus
uns filhos de Deus
uns dizem fim
uns dizem sim
e não há outros

dilema

ANTONIO CICERO

O que muito me confunde
é que no fundo de mim estou eu
e no fundo de mim estou eu.
No fundo
sei que não sou sem fim
e sou feito de um mundo imenso
imerso num universo
que não é feito de mim.
Mas mesmo isso é controverso
se nos versos de um poema
perverso sai o reverso.
Disperso num tal dilema
o certo é reconhecer:
no fundo de mim
sou sem fundo.

balada das meninas de bicicleta

VINICIUS DE MORAES

Meninas de bicicleta
que fagueiras pedalais
quero ser vosso poeta!
Ó transitórias estátuas
esfuziantes de azul
louras com peles mulatas
princesas da zona sul:
as vossas jovens figuras
retesadas nos selins
me prendem, com serem puras
em redondilhas afins.
Que lindas são vossas quilhas
quando as praias abordais!
E as nervosas panturrilhas
na rotação dos pedais:
que douradas maravilhas!
Bicicletai, meninada
aos ventos do Arpoador
solta a flâmula agitada
das cabeleiras em flor
uma correndo à gandaia
outra com jeito de séria
mostrando as pernas sem saia
feitas da mesma matéria.

Permanecei! Vós que sois
o que o mundo não tem mais
juventude de maiôs
sobre máquinas da paz
enxames de namoradas
ao sol de Copacabana
centauresas transpiradas
que o leque do mar abana!
A vós o canto que inflama
os meus trint'anos, meninas
velozes massas em chama
explodindo em vitaminas.
Bem haja a vossa saúde
à humanidade inquieta
vós cuja ardente virtude
preservais muito amiúde
com um selim de bicicleta
vós que levais tantas raças
nos corpos firmes e crus:
meninas, soltai as alças
bicicletai seios nus!
No vosso rastro persiste
o mesmo eterno poeta
um poeta — essa coisa triste
escravizada à beleza
que em vosso rastro persiste,
levando a sua tristeza
no quadro da bicicleta.

outro retrato

JOSÉ PAULO PAES

O laço de fita
que prende os cabelos
da moça no retrato
mais parece uma borboleta.

Um ventinho qualquer
e sai voando
rumo a outra vida
além do retrato.

Uma vida onde os maridos
nunca chegam tarde
com um gosto amargo
na boca.

Onde não há cozinhas
pratos por lavar
vigílias, fraldas sujas
coqueluches, sarampos.

Onde os filhos não vão
um dia estudar fora
e acabam se casando
e esquecem de escrever.

Onde não sobram contas
a pagar nem dentes
postiços nem cabelos
brancos nem muito menos rugas.

Um ventinho qualquer...
O laço de fita
prende sempre — coitada! —
os cabelos da moça.

poema

MÁRIO QUINTANA

Oh! Aquele menininho que dizia
"Fessora, eu posso ir lá fora?"
Mas apenas ficava um momento
bebendo o vento azul...
Agora não preciso pedir licença a ninguém.
Mesmo porque não existe paisagem lá fora:
somente cimento.
O vento não mais me fareja a face como um cão amigo...
Mas o azul irreversível persiste em meus olhos.

infância (2)

CACASO

Eu matei minha saudade mas depois
veio outra

da repartição das coisas

FIAMA HASSE PAIS BRANDÃO

A criança levanta o olhar
e diz-me: "Avó, o teu jardim."
como se eu possuísse
alguma coisa, algum ser,
uns nomes botânicos,
uma forma matizada
de muitos verdes.

[quando eu tiver setenta anos]

PAULO LEMINSKI

quando eu tiver setenta anos
então vai acabar esta adolescência

vou largar da vida louca
e terminar minha livre-docência

vou fazer o que meu pai quer
começar a vida com passo perfeito

vou fazer o que minha mãe deseja
aproveitar as oportunidades
de virar um pilar da sociedade
e terminar meu curso de direito

então ver tudo em sã consciência
quando acabar esta adolescência.

dia de hoje

SOPHIA DE MELLO BREYNER ANDRESEN

Ó dia de hoje, ó dia de horas claras
florindo nas ondas, cantando nas
[florestas,
no teu ar brilham transparentes festas
e o fantasma das maravilhas raras
visita, uma por uma, as tuas horas
em que há por vezes súbitas demoras
plenas como as pausas dum verso.

Ó dia de hoje, ó dia de horas leves
bailando na doçura
e na amargura
de serem perfeitas e de serem breves.

2

não sei se isto é amor e outras dúvidas

macho & fêmea

MURILO MENDES

O leão a leonesa
o tigre a tigresa
o piano a pianesa
o martelo a martelesa
o turco a turquesa
o clavicórdio a clavicordesa
o serrote a serrotesa
o bordel a bordalesa
o avião a avionesa
o radar a radaresa
o bonde a bondesa
o veronês a veronesa
o pavês a pavesa
o touro a touresa.

*

O pavão a pavana
o paxá a pachorra
o rei-cláudio a rainha-cláudia
o macho a macha.

happy end

CACASO

o meu amor e eu
nascemos um para o outro

agora só falta quem nos apresente

diamante

ANTONIO CICERO

O amor seria fogo ou ar
em movimento, chama ao vento;
e no entanto é tão duro amar
este amor que o seu elemento
deve ser terra: diamante,
já que dura e fura e tortura
e fica tanto mais brilhante
quanto mais se atrita, e fulgura,
ao que parece, para sempre:
e às vezes volta a ser carvão
a rutilar incandescente
onde é mais funda a escuridão;
e volta indecente esplendor
e loucura e tesão e dor.

lira do amor romântico
ou a eterna repetição

CARLOS DRUMMOND DE ANDRADE

Atirei um limão n'água
e fiquei vendo na margem.
Os peixinhos responderam:
quem tem amor tem coragem.

Atirei um limão n'água
e caiu enviesado.
Ouvi um peixe dizer:
melhor é o beijo roubado.

Atirei um limão n'água,
como faço todo ano.
Senti que os peixes diziam:
todo amor vive de engano.

Atirei um limão n'água,
como um vidro de perfume.
Em coro os peixes disseram:
joga fora teu ciúme.

Atirei um limão n'água
mas perdi a direção.
Os peixes, rindo, notaram:
quanto dói uma paixão!

Atirei um limão n'água,
ele afundou um barquinho.
Não se espantaram os peixes:
faltava-me o teu carinho.

Atirei um limão n'água,
o rio logo amargou.
Os peixinhos repetiram:
é dor de quem muito amou.

Atirei um limão n'água,
o rio ficou vermelho
e cada peixinho viu
meu coração num espelho.

Atirei um limão n'água
mas depois me arrependi.
Cada peixinho assustado
me lembra o que já sofri.

Atirei um limão n'água,
antes não tivesse feito.
Os peixinhos me acusaram
de amar com falta de jeito.

Atirei um limão n'água,
fez-se logo um burburinho.
Nenhum peixe me avisou
da pedra no meu caminho.

Atirei um limão n'água,
de tão baixo ele boiou.
Comenta o peixe mais velho:
infeliz quem não amou.

Atirei um limão n'água,
antes atirasse a vida.
Iria viver com os peixes
a minh'alma dolorida.

Atirei um limão n'água,
pedindo à água que o arraste.
Até os peixes choraram
porque tu me abandonaste.

Atirei um limão n'água.
Foi tamanho o rebuliço
que os peixinhos protestaram:
se é amor, deixa disso.

Atirei um limão n'água,
não fez o menor ruído.
Se os peixes nada disseram,
tu me terás esquecido?

Atirei um limão n'água,
caiu certeiro: zás-trás.
Bem me avisou um peixinho:
fui passado para trás.

Atirei um limão n'água,
de clara ficou escura.
Até os peixes já sabem:
você não ama: tortura.

Atirei um limão n'água
e caí n'água também,
pois os peixes me avisaram,
que lá estava meu bem.

Atirei um limão n'água,
foi levado na corrente.
Senti que os peixes diziam:
hás de amar eternamente.

a
lua
no
cinema

PAULO LEMINSKI

A lua foi ao cinema,
passava um filme engraçado,
a história de uma estrela
que não tinha namorado.

Não tinha porque era apenas
uma estrela bem pequena,
dessas que, quando apagam,
ninguém vai dizer, que pena!

Era uma estrela sozinha,
ninguém olhava pra ela,
e toda a luz que ela tinha
cabia numa janela.

A lua ficou tão triste
com aquela história de amor,
que até hoje a lua insiste:
— Amanheça, por favor!

Tinham o rosto aberto a quem passava.
Tinham lendas e mitos
e frio no coração.
Tinham jardins onde a lua passeava
de mãos dadas com a água
e um anjo de pedra por irmão.

Tinham como toda a gente
o milagre de cada dia
escorrendo pelos telhados;
e olhos de oiro
onde ardiam
os sonhos mais tresmalhados.

Tinham fome e sede como os bichos,
e silêncio
à roda dos seus passos.
Mas a cada gesto que faziam
um pássaro nascia dos seus dedos
e deslumbrado penetrava nos espaços.

os amantes sem dinheiro

EUGÉNIO DE ANDRADE

maresia

ANTONIO CICERO

O meu amor me deixou
levou minha identidade
não sei mais bem onde estou
nem onde a realidade.

Ah, se eu fosse marinheiro
era eu quem tinha partido
mas meu coração ligeiro
não se teria partido

ou se partisse colava
com cola de maresia
eu amava e desamava
sem peso e com poesia.

Ah, se eu fosse marinheiro
seria doce meu lar
não só o Rio de Janeiro
a imensidão e o mar

leste oeste norte sul
onde um homem se situa
quando o Sol sobre o azul
ou quando no mar a Lua

não buscaria conforto
nem juntaria dinheiro
um amor em cada porto
ah, se eu fosse marinheiro.

ciclo vicioso

CACASO

minha namorada sempre sonha que namora
seu namorado antigo minha ex-namorada
sempre sonha que me namora e eu, desconfiado,
tenho feito tudo para não sonhar...

cantiga para não morrer

FERREIRA GULLAR

Quando você for se embora,
moça branca como a neve,
me leve.

Se acaso você não possa
me carregar pela mão,
menina branca de neve,
me leve no coração.

Se no coração não possa
por acaso me levar,
moça de sonho e de neve,
me leve no seu lembrar.

E se aí também não possa
por tanta coisa que leve
já viva em seu pensamento,
menina branca de neve,
me leve no esquecimento.

interrogação

CAMILO PESSANHA

Não sei se isto é amor. Procuro o teu olhar,
se alguma dor me fere, em busca de um abrigo;
e apesar disso, crê! nunca pensei num lar
onde fosses feliz, e eu feliz contigo.

Por ti nunca chorei nenhum ideal desfeito.
E nunca te escrevi nenhuns versos românticos.
Nem depois de acordar te procurei no leito
como a esposa sensual do *Cântico dos cânticos.*

Se é amar-te não sei. Não sei se te idealizo
a tua cor sadia, o teu sorriso terno...
Mas sinto-me sorrir de ver esse sorriso
que me penetra bem, como este Sol de inverno.

Passo contigo a tarde e sempre sem receio
da luz crepuscular, que enerva, que provoca.
Eu não demoro o olhar na curva do teu seio
nem me lembrei jamais de te beijar na boca.

Eu não sei se é amor. Será talvez começo...
Eu não sei que mudança a minha alma pressente...
Amor não sei se o é, mas sei que te estremeço,
que adoecia talvez de te saber doente.

canção do amor impossível

ANTONIO CICERO

Como não te perderia
se te amei perdidamente
se em teus lábios eu sorvia
néctar quando sorrias
se quando estavas presente
era eu que não me achava
e quando tu não estavas
eu também ficava ausente
se eras minha fantasia
elevada a poesia
se nasceste em meu poente
como não te perderia

breve

ALEXANDRE O'NEILL

Bom, diz ele,
Dia!, diz ela.

Vamos?, diz ele,
Não!, diz ela.

Que há ?, diz ele,
Nada!, diz ela.

Então, diz ele,
Adeus!, diz ela.

eros e psique

FERNANDO PESSOA

... E assim vedes, meu Irmão, que as verdades que vos foram dadas no Grau de Neófito, e aquelas que vos foram dadas no Grau de Adepto Menor, são, ainda que opostas, a mesma verdade.

(DO RITUAL DO GRAU DE MESTRE DO ÁTRIO
NA ORDEM TEMPLÁRIA DE PORTUGAL)

Conta a lenda que dormia
uma Princesa encantada
a quem só despertaria
um Infante, que viria
de além do muro da estrada.

Ele tinha que, tentado,
vencer o mal e o bem,
antes que, já libertado,
deixasse o caminho errado
por o que à Princesa vem.

A Princesa Adormecida,
se espera, dormindo espera.
Sonha em morte a sua vida,
e orna-lhe a fronte esquecida,
verde, uma grinalda de hera.

Longe o Infante, esforçado,
sem saber que intuito tem,
rompe o caminho fadado.
Ele dela é ignorado.
Ela para ele é ninguém.

Mas cada um cumpre o Destino —
ela dormindo encantada,
ele buscando-a sem tino
pelo processo divino
que faz existir a estrada.

E, se bem que seja obscuro
tudo pela estrada fora,
e falso, ele vem seguro,
e, vencendo estrada e muro,
chega onde em sono ela mora.

E, inda tonto do que houvera,
à cabeça, em maresia,
ergue a mão, e encontra hera,
e vê que ele mesmo era
a Princesa que dormia.

na ribeira deste rio e outras paisagens

3

[as pedras são muito mais lentas]

ARNALDO ANTUNES

As pedras são muito mais lentas do que os animais. As plantas exalam mais cheiro quando a chuva cai. As andorinhas quando chega o inverno voam até o verão. Os pombos gostam de milho e de migalhas de pão. As chuvas vêm da água que o sol evapora. Os homens quando vêm de longe trazem malas. Os peixes quando nadam juntos formam um cardume. As larvas viram borboletas dentro dos casulos. Os dedos dos pés evitam que se caia. Os sábios ficam em silêncio quando os outros falam. As máquinas de fazer nada não estão quebradas. Os rabos dos macacos servem como braços. Os rabos dos cachorros servem como risos. As vacas comem duas vezes a mesma comida. As páginas foram escritas para serem lidas. As árvores podem viver mais tempo que as pessoas. Os elefantes e golfinhos têm boa memória. Palavras podem ser usadas de muitas maneiras. Os fósforos só podem ser usados uma vez. Os vidros quando estão bem limpos quase não se vê. Chicletes são pra mastigar mas não para engolir. Os dromedários têm uma corcova e os camelos duas. As meia-noites duram menos do que os meio-dias. As tartarugas nascem em ovos mas não são aves. As baleias vivem na água mas não são peixes. Os dentes quando a gente escova ficam brancos. Cabelos quando ficam velhos ficam brancos. As músicas dos índios fazem cair chuva. Os corpos dos mortos enterrados adubam a terra. Os carros fazem muitas curvas pra subir a serra. Crianças gostam de fazer perguntas sobre tudo. Nem todas as respostas cabem num adulto.

green god

EUGÉNIO DE ANDRADE

Trazia consigo a graça
das fontes quando anoitece.
Era o corpo como um rio
em sereno desafio
com as margens quando desce.

Andava como quem passa
sem ter tempo de parar.
Ervas nasciam dos passos,
cresciam troncos dos braços
quando os erguia no ar.

Sorria como quem dança.
E desfolhava ao dançar
o corpo, que lhe tremia
num ritmo que ele sabia
que os deuses devem usar.

E seguia o seu caminho,
porque era um deus que passava.
Alheio a tudo o que via,
enleado na melodia
duma flauta que tocava.

a grande borboleta

CAETANO VELOSO

A grande borboleta
leve numa asa a lua
e o sol na outra

e entre as duas a seta

a grande borboleta
seja completamente solta

estações do ano

SOPHIA DE MELLO BREYNER ANDRESEN

Primeiro vem Janeiro
suas longínquas metas
são Julho e são Agosto
luz de sal e de setas

a praia onde o vento
desfralda as barracas
e vira os guarda-sóis
ficou na infância antiga
cuja memória passa
pela rua à tarde
como uma cantiga

o verão onde hoje moro
é mais duro e mais quente
perdeu-se a frescura
do verão adolescente

aqui onde estou
entre cal e sal
sob o peso do sol
nenhuma folha bole
na manhã parada
e o mar é de metal
como um peixe-espada

a canção da primavera

GASTÃO CRUZ

A primavera canta
ouvi a sua voz
o rouxinol espanta-se
de ouvi-la como nós

a primavera canta
vais ouvi-la também
quando um pássaro canta
não se ouve mais ninguém

a primavera é ave
é ela o rouxinol
há pássaro que lave
melhor a luz do sol?

[na ribeira deste rio]

FERNANDO PESSOA

Na ribeira deste rio
ou na ribeira daquele
passam meus dias a fio.
Nada me impede, me impele,
me dá calor ou dá frio.

Vou vendo o que o rio faz
quando o rio não faz nada.
Vejo os rastros que ele traz,
numa sequência arrastada,
do que ficou para trás.

Vou vendo e vou meditando,
não bem no rio que passa
mas só no que estou pensando,
porque o bem dele é que faça
eu não ver que vai passando.

Vou na ribeira do rio
que está aqui ou ali,
e do seu curso me fio,
porque, se o vi ou não vi,
ele passa e eu confio.

uma voz

FERREIRA GULLAR

Sua voz quando ela canta
me lembra um pássaro mas
não um pássaro cantando:
lembra um pássaro voando

canção de maio

GASTÃO CRUZ

Em certos dias maio
é um touro de chuva
e o lume dum raio
atravessa uma nuvem

Porém rapidamente
acaba a trovoada
e uma névoa quente
sai da terra molhada

Em terra corre o touro
que de maio é o signo
e de tarde o besouro
ao calor zune estrídulo

Num muro branco voga
paciente o caracol
como alguém que se afoga
num mar com muito sol

[gato que brincas na rua]

FERNANDO PESSOA

Gato que brincas na rua
como se fosse na cama,
invejo a sorte que é tua
porque nem sorte se chama.

Bom servo das leis fatais
que regem pedras e gentes,
que tens instintos gerais
e sentes só o que sentes.

És feliz porque és assim,
todo o nada que és é teu.
Eu vejo-me e estou sem mim,
conheço-me e não sou eu.

natureza morta com louvadeus

FIAMA HASSE PAIS BRANDÃO

Foi o último hóspede a sentar-se
no topo da mesa, já depois do martírio.
As asas magníficas haviam-lhe sido quebradas
por algum vento. Perdera o rumo
sobre a película cintilante de água
no riacho parado. Tal como poisou
junto de nós, com o belo corpo magro
arquejante, lembrava, ainda segundo o seu nome,
um santo mártir. Enquanto meditávamos,
a morte sobreveio, e a pequena criatura,
que viera partilhar a nossa mesa,
depois de ter sido banida das águas
foi banida da terra. Alguém pegou
no volúvel alado corpo morto
abandonado sem nexo na brancura da toalha
— que maculava —
e o atirou para qualquer arbusto raro
que o poeta ainda pôde fotografar.

o ovo de galinha

JOÃO CABRAL DE MELO NETO

I

Ao olho mostra a integridade
de uma coisa num bloco, um ovo.
Numa só matéria, unitária,
maciçamente ovo, num todo.

Sem possuir um dentro e um fora,
tal como as pedras, sem miolo:
e só miolo: o dentro e o fora
integralmente no contorno.

No entanto, se ao olho se mostra
unânime em si mesmo, um ovo,
a mão que o sopesa descobre
que nele há algo suspeitoso:

que seu peso não é o das pedras,
inanimado, frio, goro;
que o seu é um peso morno, túmido,
um peso que é vivo e não morto.

II

O ovo revela o acabamento
a toda mão que o acaricia,
daquelas coisas torneadas
num trabalho de toda a vida.

E que se encontra também noutras
que entretanto mão não fabrica:
nos corais, nos seixos rolados
e em tantas coisas esculpidas

cujas formas simples são obra
de mil inacabáveis lixas
usadas por mãos escultoras
escondidas na água, na brisa.

No entretanto, o ovo, e apesar
de pura forma concluída,
não se situa no final:
está no ponto de partida.

III

A presença de qualquer ovo,
até se a mão não lhe faz nada,
possui o dom de provocar
certa reserva em qualquer sala.

O que é difícil de entender
se se pensa na forma clara
que tem um ovo, e na franqueza
de sua parede caiada.

A reserva que um ovo inspira
é de espécie bastante rara:
é a que se sente ante um revólver
e não se sente ante uma bala.

É a que se sente ante essas coisas
que conservando outras guardadas
ameaçam mais com disparar
do que com a coisa que disparam.

IV
Na manipulação de um ovo
um ritual sempre se observa:
há um jeito recolhido e meio
religioso em quem o leva.

Se pode pretender que o jeito
de quem qualquer ovo carrega
vem da atenção normal de quem
conduz uma coisa repleta.

O ovo porém está fechado
em sua arquitetura hermética
e quem o carrega, sabendo-o,
prossegue na atitude regra:

procede ainda da maneira
entre medrosa e circunspecta,
quase beata, de quem tem
nas mãos a chama de uma vela.

história de verão

EUGÉNIO DE ANDRADE

Uma abelha, dessas que dizem ser italianas, entrou pela janela, obstinou-se em escolher-me, pousa-me no ombro, descansa de seus trabalhos. Lisonjeado com aquela preferência, comecei a amá-la devagar, retendo a respiração, com receio de que não tardasse a dar pelo seu engano, que cedo viesse a descobrir que não era eu a haste de onde se avistam as dunas. Mas o seu olhar tranquilizava, era calma ondulação do trigo. Agora só uma interrogação perturbava a minha alegria — comigo, como é que faria o seu mel?

[nunca sei como é que se pode achar um poente triste]

FERNANDO PESSOA
(ALBERTO CAEIRO)

Nunca sei como é que se pode achar um poente triste.
Só se é por um poente não ser uma madrugada.
Mas se ele é um poente, como é que ele havia de ser uma madrugada?

lua de são jorge

CAETANO VELOSO

Lua de São Jorge
lua deslumbrante
azul verdejante
cauda de pavão

lua de São Jorge
cheia, branca, inteira
ó minha bandeira
solta na amplidão

lua de São Jorge
lua brasileira
lua do meu coração

lua de São Jorge
lua maravilha
mãe, irmã e filha
de todo esplendor

lua de São Jorge
brilha nos altares
brilha nos lugares
onde estou e vou

lua de São Jorge
brilha sobre os mares
brilha sobre o meu amor

lua de São Jorge
lua soberana
nobre porcelana
sobre a seda azul

lua de São Jorge
lua da alegria
não se vê um dia
claro como tu

lua de São Jorge
serás minha guia
no Brasil de Norte a Sul

estrelas

MURILO MENDES

Há estrelas brancas, azuis, verdes, vermelhas.
Há estrelas-peixes, estrelas-pianos, estrelas-meninas,
estrelas-voadoras, estrelas-flores, estrelas-sabiás.
Há estrelas que veem, que ouvem,
Outras surdas e outras cegas.
Há muito mais estrelas que máquinas, burgueses e operários:
quase que só há estrelas.

havia

CACASO

— Cadê a Via Láctea
que estava aqui?
— O gato bebeu

aurora, com movimento (posto 3)

VINICIUS DE MORAES

A linha móvel do horizonte
atira para cima o sol em diabolô
os ventos de longe
agitam docemente os cabelos da rocha
passam em fachos o primeiro automóvel, a última estrela
a mulher que avança
parece criar esferas exaltadas pelo espaço
os pescadores puxando o arrastão parecem mover o mundo
o cardume de botos na distância parece mover o mar.

não coisa e outras coisas

4

coral

SOPHIA DE MELLO BREYNER ANDRESEN

Ia e vinha
e a cada coisa perguntava
que nome tinha.

[os povos antigos traziam nas carroças]

FIAMA HASSE PAIS BRANDÃO

Os povos antigos traziam nas carroças
os nomes e os objetos; colhiam nas árvores
nomes e alguns frutos, e dos mares
e das montanhas arrastavam
múltiplos nomes do ar e dos ares;
magnânimos, trocavam ou vendiam objetos,
porém davam as palavras.

coração habitado

EUGÉNIO DE ANDRADE

Aqui estão as mãos.
São os mais belos sinais da terra.
Os anjos nascem aqui:
frescos, matinais, quase de orvalho,
de coração alegre e povoado.

Ponho nelas a minha boca,
respiro o sangue, o seu rumor branco,
aqueço-as por dentro, abandonadas
nas minhas, as pequenas mãos do mundo.

Alguns pensam que são as mãos de deus,
— eu sei que são as mãos de um homem,
trémulas barcaças onde a água,
a tristeza e as quatro estações
penetram, indiferentemente.

Não lhes toquem: são amor e bondade.
Mais ainda: cheiram a madressilva.
São o primeiro homem, a primeira mulher.
E amanhece.

não coisa

FERREIRA GULLAR

O que o poeta quer dizer
no discurso não cabe
e se o diz é pra saber
o que ainda não sabe.

Uma fruta uma flor
um odor que relume...
Como dizer o sabor,
seu clarão seu perfume?

Como enfim traduzir
na lógica do ouvido
o que na coisa é coisa
e que não tem sentido?

A linguagem dispõe
de conceitos, de nomes
mas o gosto da fruta
só o sabes se a comes

só o sabes no corpo
o sabor que assimilas
e que na boca é festa
de saliva e papilas

invadindo-te inteiro
tal dum mar o marulho
e que a fala submerge
e reduz a um barulho,

um tumulto de vozes
de gozos, de espasmos,
vertiginoso e pleno
como são os orgasmos.

no entanto, o poeta
desafia o impossível
e tenta no poema
dizer o indizível:

subverte a sintaxe
implode a fala, ousa
incutir na linguagem
densidade de coisa

sem permitir, porém,
que perca a transparência
já que a coisa é fechada
à humana consciência.

O que o poeta faz
mais do que mencioná-la
é torná-la aparência
pura — e iluminá-la.

Toda coisa tem peso:
uma noite em seu centro.
O poema é uma coisa
que não tem nada dentro,

a não ser o ressoar
de uma imprecisa voz
que não quer se apagar
— essa voz somos nós.

[as coisas]

ARNALDO ANTUNES

As coisas têm peso, massa, volume, tamanho, tempo, forma, cor, posição, textura, duração, densidade, cheiro, valor, consistência, profundidade, contorno, temperatura, função, aparência, preço, destino, idade, sentido. As coisas não têm paz.

o guardador de rebanhos

— IX

FERNANDO PESSOA
(ALBERTO CAEIRO)

Sou um guardador de rebanhos.
O rebanho é os meus pensamentos
e os meus pensamentos são todos sensações.
Penso com os olhos e com os ouvidos
e com as mãos e os pés
e com o nariz e a boca.

Pensar uma flor é vê-la e cheirá-la
e comer um fruto é saber-lhe o sentido.

Por isso quando num dia de calor
me sinto triste de gozá-lo tanto,
e me deito ao comprido na erva,
e fecho os olhos quentes,
sinto todo o meu corpo deitado na realidade,
sei a verdade e sou feliz.

o relógio

JOÃO CABRAL DE MELO NETO

1
Ao redor da vida do homem
há certas caixas de vidro,
dentro das quais, como em jaula,
se ouve palpitar um bicho.

Se são jaulas não é certo;
mais perto estão das gaiolas
ao menos, pelo tamanho
e quebradiço da forma.

Umas vezes, tais gaiolas
vão penduradas nos muros;
outras vezes, mais privadas,
vão num bolso, num dos pulsos.

Mas onde esteja: a gaiola
será de pássaro ou pássara:
é alada a palpitação,
a saltação que ela guarda;

e de pássaro cantor,
não pássaro de plumagem:
pois delas se emite um canto
de uma tal continuidade

que continua cantando
se deixa de ouvi-lo a gente:
como a gente às vezes canta
para sentir-se existente.

2

O que eles cantam, se pássaros,
é diferente de todos:
cantam numa linha baixa,
com voz de pássaro rouco;

desconhecem as variantes
e o estilo numeroso
dos pássaros que sabemos,
estejam presos ou soltos;

têm sempre o mesmo compasso
horizontal e monótono,
e nunca, em nenhum momento,
variam de repertório:

dir-se-ia que não importa
a nenhum ser escutado.
Assim, que não são artistas
nem artesãos, mas operários

para quem tudo o que cantam
é simplesmente trabalho,
trabalho rotina, em série,
impessoal, não assinado,

de operário que executa
seu martelo regular
proibido (ou sem querer)
do mínimo variar.

3

A mão daquele martelo
nunca muda de compasso.
Mas tão igual sem fadiga,
mal deve ser de operário;

ela é por demais precisa
para não ser mão de máquina,
e máquina independente
de operação operária.

De máquina, mas movida
por uma força qualquer
que a move passando nela,
regular, sem decrescer:

quem sabe se algum monjolo
ou antiga roda de água
que vai rodando, passiva,
graçar a um fluido que a passa;

que fluido é ninguém vê:
da água não mostra os senões:
além de igual, é contínuo,
sem marés, sem estações.

E porque tampouco cabe
por isso, pensar que é o vento,
há de ser um outro fluido
que a move: quem sabe, o tempo.

4

Quando por algum motivo
a roda de água se rompe,
outra máquina se escuta:
agora, de dentro do homem;

outra máquina de dentro,
imediata, a reveza,
soando nas veias, no fundo
de poça no corpo, imersa.

Então se sente que o som
da máquina, ora interior,
nada possui de passivo,
de roda de água: é motor;

se descobre nele o afogo
de quem, ao fazer, se esforça,
e que ele, dentro, afinal,
revela vontade própria,

incapaz, agora, dentro
de ainda disfarçar que nasce
daquela bomba motor
(coração, noutra linguagem)

que, sem nenhum coração,
vive a esgotar, gota a gota,
o que o homem, de reserva,
possa ter na íntima poça.

metamorfoses da casa

EUGÉNIO DE ANDRADE

Ergue-se aérea pedra a pedra
a casa que só tenho no poema.

A casa dorme, sonha no vento
a delícia súbita de ser mastro.

Como estremece um torso delicado,
assim a casa, assim um barco.

Uma gaivota passa e outra e outra,
a casa não resiste: também voa.

Ah, um dia a casa será bosque,
à sua sombra encontrarei a fonte
onde um rumor de água é só silêncio.

retrato
quase apagado
em que se pode
ver perfeitamente
nada — v

MANOEL DE BARROS

a sílaba

EUGÉNIO DE ANDRADE

Toda a manhã procurei uma sílaba.
É pouca coisa, é certo: uma vogal,
uma consoante, quase nada.
Mas faz-me falta. Só eu sei
a falta que me faz.
Por isso a procurava com obstinação.
Só ela me podia defender
do frio de janeiro, da estiagem
do verão. Uma sílaba.
Uma única sílaba.
A salvação.

canção do meio do mundo

MÁRIO QUINTANA

para Lino de Mello e Silva

A ciranda rodava no meio do mundo,
no meio do mundo a ciranda rodava.

E quando a ciranda parava um segundo,
um grilo, sozinho no mundo, cantava...

Dali a três quadras o mundo acabava,
dali a três quadras, num valo profundo...

Bem junto com a rua o mundo acabava.
Rodava a ciranda no meio do mundo...

E Nosso Senhor era ali que morava,
por trás das estrelas, cuidando o seu mundo...

E quando a ciranda por fim terminava
e o silêncio, em tudo, era mais profundo,

Nosso Senhor esperava... esperava...
cofiando as suas barbas de Pedro Segundo.

verdade

CARLOS DRUMMOND DE ANDRADE

A porta da verdade estava aberta,
mas só deixava passar
meia pessoa de cada vez.

Assim não era possível atingir toda a verdade,
porque a meia pessoa que entrava
só trazia o perfil de meia verdade.
E sua segunda metade
voltava igualmente com meio perfil.
E os meios perfis não coincidiam.

Arrebentaram a porta. Derrubaram a porta.
Chegaram ao lugar luminoso
onde a verdade esplendia seus fogos.
Era dividida em metades
diferentes uma da outra.

Chegou-se a discutir qual a metade mais bela.
Nenhuma das duas era totalmente bela.
E carecia optar. Cada um optou conforme
seu capricho, sua ilusão, sua miopia.

bem no fundo

PAULO LEMINSKI

No fundo, no fundo,
bem lá no fundo,
a gente gostaria
de ver nossos problemas
resolvidos por decreto

a partir desta data,
aquela mágoa sem remédio
é considerada nula
e sobre ela — silêncio perpétuo

extinto por lei todo o remorso,
maldito seja que olhas pra trás,
lá pra trás não há nada,
e nada mais

mas problemas não se resolvem,
problemas têm família grande,
e aos domingos saem todos a passear
o problema, sua senhora
e outros pequenos probleminhas.

canção do dia de sempre

MÁRIO QUINTANA

Tão bom viver dia a dia...
A vida, assim, jamais cansa...

Viver tão só de momentos
como essas nuvens do céu...

E só ganhar, toda a vida,
inexperiência... esperança...

E a rosa louca dos ventos
presa à copa do chapéu.

Nunca dês um nome a um rio:
sempre é outro rio a passar.

Nada jamais continua,
tudo vai recomeçar!

E sem nenhuma lembrança
das outras vezes perdidas,
atiro a rosa do sonho
nas tuas mãos distraídas...

o país das maravilhas

ANTONIO CICERO

Não se entra no país das maravilhas,
pois ele fica do lado de fora,
não do lado de dentro. Se há saídas
que dão nele, estão certamente à orla
iridescente do meu pensamento,
jamais no centro vago do meu eu.
E se me entrego às imagens do espelho
ou da água, tendo no fundo o céu,
não pensem que me apaixonei por mim.
Não: bom é ver-se no espaço diáfano
do mundo, coisa entre coisas que há
no lume do espelho, fora de si:
peixe entre peixes, pássaro entre pássaros,
um dia passo inteiro para lá.

falar com coisas

JOÃO CABRAL DE MELO NETO

As coisas, por detrás de nós,
exigem: falemos com elas,
mesmo quando nosso discurso
não consiga ser falar delas.
Dizem: falar sem coisas é
comprar o que seja sem moeda:
é sem fundos, falar com cheques,
em líquida, informe diarreia.

lembrete

CARLOS DRUMMOND DE ANDRADE

Se procurar bem, você acaba encontrando
não a explicação (duvidosa) da vida,
mas a poesia (inexplicável) da vida.

índices

poema / autor

autor / poema

sobre os autores

Poucos poetas portugueses modernos usaram o humor como **alexandre o'neill** (Lisboa, 1924–Lisboa, 1986). Ele fixou a paisagem lisboeta e seus tipos humanos em versos que parecem se descolar do dia a dia, como se brilhassem sobre um fundo sombrio e melancólico.

Além de poeta, **antonio cicero** (Rio de Janeiro, 1945) é filósofo e letrista. Mas, segundo ele próprio, essas três faces não se misturam. Se isso vale para o criador, os leitores, no entanto, poderão encontrar na beleza de seus versos algo de filosofia e de canção.

Como todo poeta, gosta de palavras. Mas, além de escrever, **arnaldo antunes** (São Paulo, 1960) fotografa, desenha e canta palavras. E escreve como se desenhasse, canta como se falasse, desenha como se escrevesse, e todas as combinações possíveis.

Seu nome de batismo era Antonio Carlos Ferreira de Brito. Foi poeta, professor, ensaísta, letrista e desenhista. Mesmo quando usava seu nome completo, o que dizia e escrevia soava fino, rápido, cortante e bem-humorado como o nome que escolheu: **cacaso** (Uberaba, 1944–Rio de Janeiro, 1987).

caetano veloso (Santo Amaro da Purificação, 1942) é o único poeta, neste livro, que faz poesia exclusivamente como letra de canção. E não precisou mais do que isso — além da voz — para ajudar a definir, como poucos, um modo livre e moderno de ser e fazer arte no Brasil.

O poeta português **camilo pessanha** (Coimbra, 1867–Macau, 1926) tornou-se grande com apenas um livro, *Clepsidra*, de 1920, ao qual foram acrescentados outros poemas. "Interrogação", que pertence a este último conjunto, foi publicado em jornal em 1889, e encanta pela simplicidade e sensibilidade modernas.

Dizer que **carlos drummond de andrade** (Itabira, 1902–Rio de Janeiro, 1987) foi um dos maiores poetas do século XX soa vago e, por incrível que pareça, diz pouco. A impressão é de que não há nada que Drummond não tenha dito ou experimentado em seus versos. Seus poemas são para todos e para toda a vida.

Os versos de **eugénio de andrade** (Póvoa de Atalaia, 1923–Porto, 2005) nos dão a sensação de que estamos diante de algo perfeito. Suas palavras parecem ser as mais simples e, ao mesmo tempo, as mais expressivas. E são sempre comoventes.

Seu sobrenome parece uma ironia, pois ele foi bem mais que uma "pessoa". Levou às últimas consequências a possibilidade de ser um outro na escrita, multiplicando-se em Alberto Caeiro, Álvaro de Campos, Ricardo Reis, Bernardo Soares. E também foi **fernando pessoa** (Lisboa, 1888– Lisboa, 1935).

Pode-se perceber, na sua escrita, o quanto ela nasce de indagações que antecedem o poema e vão além dele. Fazer poesia sempre foi, para **ferreira gullar** (São Luís, 1930– Rio de Janeiro, 2016), a tentativa de responder às questões e perplexidades postas pela vida.

Quando escreve, **flama hasse pais brandão** (Lisboa, 1938–Lisboa, 2007) não deixa de ser leitora, pois ela, muitas vezes, mescla à sua experiência pessoal a memória dos textos que leu. Seus versos aliam alta intensidade emotiva e arquitetura sofisticada.

Tempo, corpo e memória talvez sejam os três termos que mais constantemente compõem a poesia de **gastão cruz** (Faro, 1941). A realidade que alimenta os versos desse poeta português surge sempre transfigurada, deformada pela própria intensidade da expressão.

joão cabral de melo neto (Recife, 1920– Rio de Janeiro, 1999) afirmou certa vez: "tenho uma certa vocação para a solidão, mas sinto que o homem necessita da poesia para entender melhor a realidade". Tal sentimento, somado a um forte desejo de clareza e precisão, criou o modo de ver e escrever "cabralino".

Além de poeta, **josé paulo paes** (Taquaritinga, 1926–São Paulo, 1998) destacou-se como tradutor e ensaísta. Sua poesia parece sempre desconfiar das coisas, até — ou principalmente — dela mesma. Por isso, sua constante ironia, que ganha corpo em versos concisos e de grande engenhosidade sonora.

Atento à natureza do Pantanal mato-grossense, **manoel de barros** (Cuiabá, 1916– Campo Grande, 2014) inventou uma maneira própria de olhar para as coisas miúdas e, aparentemente, sem importância. Sua poesia é cheia de imagens surpreendentes, que nascem do deslocamento das coisas no mundo e na língua.

Muita gente, decerto, se lembra de **mário quintana** (Alegrete, 1906–Porto Alegre, 1994) somente velho. E, quando o leem, têm a impressão de que seus poemas foram escritos por uma criança. Nem uma coisa nem outra estão certas. Mas, se tanta gente sente assim, algo deve estar certo numa coisa e na outra.

Poeta mágico, poeta místico, poeta lírico, poeta geométrico, poeta do finito e do infinito. Segundo o próprio **murilo mendes** (Juiz de Fora, 1901–Lisboa, 1975) sua poesia nascia compelida pelo seu "não reconhecimento da fronteira realidade-irrealidade" e pelo seu "dom de assimilar e fundir elementos díspares".

Erudito que ironizava a erudição, **paulo leminski** (Curitiba, 1944–Curitiba, 1989) manteve o humor e a dicção coloquial mesmo em seus poemas mais experimentais. Sua obra tem muito da ambiência dos anos 1970, quando começou a publicar. Também foi tradutor, ensaísta e letrista.

sophia de mello breyner andresen (Porto, 1919–Lisboa, 2004) escreveu uma das mais belas obras da língua portuguesa. Na sua poesia, todas as coisas — mesmo as mais abstratas — são sempre nítidas, luminosas e concretas, como uma maçã, ou algo assim, sobre uma mesa.

Poeta e diplomata, desafiou os bons costumes ao se converter em compositor e cantor de música popular numa época em que isso era impensável. Quem nunca ouviu uma de suas canções? **vinicius de moraes** (Rio de Janeiro, 1913–Rio de Janeiro, 1980) talvez seja o mais amado e conhecido de todos os poetas brasileiros.

sobre os poemas

As referências bibliográficas dos poemas trazem dados (título e data) de sua primeira veiculação em livro, revista (quando inéditos em livro) ou disco (tratando-se de canção), seguidos das informações completas do exemplar de que se serviu a pesquisa para a reprodução dos textos.

1. verbo ser e outros seres

"boas-vindas" Caetano Veloso/ *Circuladô*, LP, 1991. In: *Letra só* (org. Eucanaã Ferraz), São Paulo: Companhia das Letras, 2003, p. 321.

"a um recém-nascido" José Paulo Paes/ *Prosas seguidas de odes mínimas*, 1992. In: *Poesia completa*, São Paulo: Companhia das Letras, 2008, p. 408.

"infantil" Manoel de Barros/ *Tratado geral das grandezas do ínfimo*, 2001. In: *Compêndio para uso dos pássaros – Poesia reunida, 1937-2004*, Vila Nova de Famalicão, Portugal: Quasi, 2007, p. 553.

"canção dos dias grandes" Gastão Cruz/ *Rua de Portugal*, Lisboa: Assírio & Alvim, 2002, p. 36.

"sou seu sabiá" Caetano Veloso/ *Noites do norte*, CD, 2000. In: *Letra só* (org. Eucanaã Ferraz), São Paulo: Companhia das Letras, 2003, p. 90.

"verbo ser" Carlos Drummond de Andrade/ *Boitempo & A falta que ama*, 1968. In: *Poesia completa*, Rio de Janeiro: Nova Aguilar, 2003, p. 1015.

"o bolo" Carlos Drummond de Andrade/ *Lição de coisas*, 1962. In: *Poesia completa*, Rio de Janeiro: Nova Aguilar, 2003, p. 489.

"o adolescente" Mário Quintana/ In: *Apontamentos de história sobrenatural* (1ª ed., 1976), 2ª ed., São Paulo: Globo, 2006, p. 29.

"prova" Antonio Cicero/ *Teresa: revista de literatura brasileira*, nº 4/5, São Paulo: Departamento de Letras Clássicas e Vernáculas. Faculdade de Filosofia, Letras e Ciências Humanas. Universidade de São Paulo; Ed. 34, 2003, p. 302-3.

"amigo" Alexandre O'Neill/ *No reino da Dinamarca*, 1958. In: *Poesias completas*, 3ª ed., Lisboa: Assírio & Alvim, 2002, p. 79.

[meus amigos] Paulo Leminski/ *Não fosse isso e era menos/ Não fosse tanto e era quase*, 1980. *Melhores poemas de Paulo Leminski* (sel. Fred Góes e Álvaro Marins), 6ª ed., São Paulo: Global, 2002, p. 67.

"livre-arbítrio" Cacaso/ *Mar de mineiro*, 1982. In: *Lero-lero* (1967-1985), Rio de Janeiro: 7Letras; São Paulo: Cosac Naify, 2002, p. 31.

"uns" Caetano Veloso/ *Uns*, CD, 1983. In: *Letra só* (org. Eucanaã Ferraz), São Paulo: Companhia das Letras, 2003, p. 113.

"dilema" Antonio Cicero/ *Guardar*, Rio de Janeiro: Record, p. 37.

"balada das meninas de bicicleta" Vinicius de Moraes/ *Poemas, sonetos e baladas*, 1946. In: *Nova antologia poética* (org. Antonio Cicero e Eucanaã Ferraz), São Paulo: Companhia das Letras, 2008, p. 90.

"outro retrato" José Paulo Paes/ *Prosas seguidas de odes mínimas*, 1992. In: *Poesia completa*, São Paulo: Companhia das Letras, 2008, p. 367.

"poema" Mário Quintana/ *A vaca e o hipogrifo*, 1977. In: *Nova antologia poética*, São Paulo: Globo, p. 46.

"infância (2)" Cacaso/ *Mar de mineiro*, 1982. In: *Lero-lero* (1967-1985), Rio de Janeiro: 7Letras; São Paulo: Cosac Naify, 2002, p. 27.

"da repartição das coisas" Fiama Hasse Pais Brandão/ *As fábulas*, 2002. In: *Obra breve*, Lisboa: Assírio & Alvim, 2006, p. 719.

[quando eu tiver setenta anos] Paulo Leminski/ *Caprichos e relaxos* (1ª ed., 1983), 3ª ed., São Paulo: Brasiliense, 1985, p. 35.

"dia de hoje" Sophia de Mello Breyner Andresen/ *Dia do mar*, 1947. In: *Obra poética* (ed. Carlos Mendes de Sousa), Alfragide, Portugal: Caminho, 2010.

2. não sei se isto é amor e outras dúvidas

"macho & fêmea" Murilo Mendes/ *Convergência*, 1970. In: *Poesia completa e prosa* (org. Luciana Stegagno Picchio), Rio de Janeiro: Nova Aguilar, 1994, p. 718.

"happy end" Cacaso/ *Beijo na boca*, 1975. In: *Lero-lero* (1967-1985), Rio de Janeiro: 7Letras; São Paulo: Cosac Naify, 2002, p. 114.

"diamante" Antonio Cicero/ *Vaia*, nº 29, Porto Alegre: Fernando Ramos, 2010, p. 10.

"lira do amor romântico" Carlos Drummond de Andrade/ *Amar se aprende amando*, 1985. In: *Poesia completa*, Rio de Janeiro: Nova Aguilar, 2003, p. 1280.

"a lua no cinema" Paulo Leminski/ *Distraídos venceremos*, 1986. *Melhores poemas de Paulo Leminski* (sel. Fred Góes e Álvaro Marins), 6ª ed., São Paulo: Global, 2002.

"os amantes sem dinheiro" Eugénio de Andrade/ *Os amantes sem dinheiro*, 1950. In: *Poesia*, 2ª ed., Lisboa: Fundação Eugénio de Andrade, 2005, p. 41.

"maresia" Antonio Cicero/ *Guardar*, Rio de Janeiro: Record, p. 73.

"ciclo vicioso" Cacaso/ *Beijo na boca*, 1975. In: *Lero-lero* (1967-1985), Rio de Janeiro: 7Letras; São Paulo: Cosac Naify, 2002, p. 119.

"cantiga para não morrer" Ferreira Gullar/ *Dentro da noite veloz*, 1975. In: *Toda poesia* (1950-1999), 9ª ed., Rio de Janeiro: José Olympio, 2000, p. 222.

"interrogação" Camilo Pessanha/ *Clepsidra* (2ª ed.), 1945. In: *Clepsidra e outros poemas* (org. João de Castro Osório), 7ª ed., Lisboa: Ática, 1992, p. 57.

"canção do amor impossível" Antonio Cicero/ *A cidade e os livros*, Rio de Janeiro: Record, 2002, p. 43.

"breve" Alexandre O'Neill/ *A saca de orelhas*, 1979. In: *Poesias completas*, 3ª ed., Lisboa: Assírio & Alvim, 2002, p. 364.

"eros e psique" Fernando Pessoa/ *Obras completas I*, 1942. In: *Obra poética* (org. Maria Aliete Galhoz), Rio de Janeiro: Nova Aguilar, 1981, p. 115.

3. na ribeira deste rio e outras paisagens

[as pedras são muito mais lentas] Arnaldo Antunes/ *As coisas*, 1992. In: *Como é que chama o nome disso: antologia*, São Paulo: Publifolha, 2006, p. 85.

"green god" Eugénio de Andrade/ *As mãos e os frutos*, 1948. In: *Poesia*, 2ª ed., Lisboa: Fundação Eugénio de Andrade, 2005, p. 23.

"a grande borboleta" Caetano Veloso/ *Bicho*, LP, 1997. In: *Letra só* (org. Eucanaã Ferraz), São Paulo: Companhia das Letras, 2003, p. 222.

"estações do ano" Sophia de Mello Breyner Andresen/ *O nome das coisas*, 1977. In: *Obra poética* (ed. Carlos Mendes de Sousa), Alfragide, Portugal: Caminho, 2010.

"a canção da primavera" Gastão Cruz/ *Rua de Portugal*, Lisboa: Assírio & Alvim, 2002, p. 35.

[na ribeira deste rio] Fernando Pessoa/ *Obras completas I*, 1942. In: *Obra poética* (org. Maria Aliete Galhoz), Rio de Janeiro: Nova Aguilar, 1981, p. 108.

"uma voz" Ferreira Gullar/ *Dentro da noite veloz*, 1975. In: *Toda poesia (1950-1999)*, 9ª ed., Rio de Janeiro: José Olympio, 2000, p. 179.

"canção de maio" Gastão Cruz/ *Rua de Portugal*, Lisboa: Assírio & Alvim, 2002, p. 33

[gato que brincas na rua] Fernando Pessoa/ *Obras completas I*, 1942. In: *Obra poética* (org. Maria Aliete Galhoz), Rio de Janeiro: Nova Aguilar, 1981, p. 90.

"natureza morta com louvadeus" Fiama Hasse Pais Brandão/ *Três rostos*, 1989. In: *Obra breve*, Lisboa: Assírio & Alvim, 2006, p. 487.

"o ovo de galinha" João Cabral de Melo Neto/ *Serial*, 1961 (*Terceira feira*). In: *Poesia completa e prosa* (org. Antonio Carlos Secchin), 2ª ed., Rio de Janeiro: Nova Aguilar, p. 178-9.

"história de verão" Eugénio de Andrade/ *Memória doutro rio*, 1978. In: *Poesia*, 2ª ed., Lisboa: Fundação Eugénio de Andrade, 2005, p. 285.

[nunca sei como é que se pode achar um poente triste] Fernando Pessoa (Alberto Caeiro)/ *Obras completas III*, 1946. In: *Obra poética* (org. Maria Aliete Galhoz), Rio de Janeiro: Nova Aguilar, 1981, p. 171.

"lua de são jorge" Caetano Veloso/ *Cinema transcendental*, LP, 1979. In: *Letra só* (org. Eucanaã Ferraz), São Paulo: Companhia das Letras, 2003, p. 225.

"estrelas" Murilo Mendes/ *Os quatro elementos*, 1935. In: *Poesia completa e prosa*, Rio de Janeiro, Nova Aguilar, 1994, p. 269.

"havia" Cacaso/ In: *Lero-lero* (1967-1985), Rio de Janeiro: 7Letras; São Paulo: Cosac Naify, 2002, p. 265.

"aurora, com movimento (posto 3)" Vinicius de Moraes/ *Antologia poética*, 1954. In: *Nova antologia poética* (org. Antonio Cicero e Eucanaã Ferraz), São Paulo: Companhia das Letras, 2008, p. 134.

4. não coisa e outras coisas

"coral" Sophia de Mello Breyner Andresen/ *Coral*, 1950. In: *Obra poética* (ed. Carlos Mendes de Sousa), Alfragide: Caminho, 2010.

[os povos antigos traziam nas carroças] Fiama Hasse Pais Brandão/ *Cenas vivas*, 2000. In: *Obra breve*, Lisboa: Assírio & Alvim, 2006, p. 617.

"coração habitado" Eugénio de Andrade/ *Até amanhã*, 1956. In: *Poesia*, 2ª ed., Lisboa: Fundação Eugénio de Andrade, 2005, p. 73.

"não coisa" Ferreira Gullar/ *Muitas vozes*, 4ª ed., Rio de Janeiro: José Olympio, 2000, p. 53.

[as coisas] Arnaldo Antunes/ *As coisas*, 1992. In: *Como é que chama o nome disso: antologia*, São Paulo: Publifolha, 2006, p. 111.

"o guardador de rebanhos – IX" Fernando Pessoa (Alberto Caeiro)/ *Obras completas III*, 1946. In: *Obra poética* (org. Maria Aliete Galhoz), Rio de Janeiro: Nova Aguilar, 1981, p. 146.

"o relógio" João Cabral de Melo Neto/ *Serial*, 1961 (*Terceira feira*). In: *Poesia completa e prosa* (org. Antonio Carlos Secchin), 2ª ed., Rio de Janeiro: Nova Aguilar, p. 300-2.

"metamorfoses da casa" Eugénio de Andrade/ *Ostinato rigore*, 1964. In: *Poesia*, 2ª ed., Lisboa: Fundação Eugénio de Andrade, 2005, p. 125.

"retrato quase apagado em que se pode ver perfeitamente nada – V" Manoel de Barros/ *O guardador de águas*, 1989. In: *Compêndio para uso dos pássaros – Poesia reunida, 1937-2004*, Vila Nova de Famalicão, Portugal: Quasi, 2007, p. 315.

"a sílaba" Eugénio de Andrade/ *Ofício de paciência*, 1994. In: *Poesia*, 2ª ed., Lisboa: Fundação Eugénio de Andrade, 2005, p. 502.

"canção do meio do mundo" Mário Quintana/ *A rua dos cataventos*, 1940. In: *Nova antologia poética*, São Paulo: Globo, p. 52.

"verdade" Carlos Drummond de Andrade/ *Corpo*, 1998. In: *Poesia completa*, Rio de Janeiro: Nova Aguilar, 2003, p. 1240.

"bem no fundo" Paulo Leminski/ *Distraídos venceremos*, 1986. In: *Melhores poemas de Paulo Leminski* (sel. Fred Góes e Álvaro Marins), 6ª ed., São Paulo: Global, 2002, p. 35.

"canção do dia de sempre" Mário Quintana/ *Canções*, 1946. In: *Poesia completa*, Rio de Janeiro: Nova Aguilar, 2008, p. 145.

"o país das maravilhas" Antonio Cicero/ *A cidade e os livros*, Rio de Janeiro: Record, 2002, p. 13.

"falar com coisas" João Cabral de Melo Neto/ *Agrestes*, 1985. In: *Poesia completa e prosa* (org. Antonio Carlos Secchin), 2ª ed., Rio de Janeiro: Nova Aguilar, p. 523.

"lembrete" Carlos Drummond de Andrade/ *Corpo*, 1998. In: *Poesia completa*, Rio de Janeiro: Nova Aguilar, 2003, p. 1256.

sobre o organizador/ eucanaã ferraz

Ao ler poemas de outros poetas, muitas vezes sinto o enorme desejo de tê-los escrito. Não só porque me identifico com aquelas palavras, mas também porque, em outros casos, são inteiramente diferentes de mim e do que escrevo. É isto que acontece quando lemos poesia: os poemas tornam-se nossos, pois neles há uma parte — que não é possível localizar ou quantificar — que deve ser preenchida pelo leitor, por tudo o que ele viu, leu, sentiu, imaginou, enfim, o que ele viveu, o que ele é.

Além da leitura, encontro grande prazer também quando me dedico a reunir poemas alheios, como aqui, em *A lua no cinema*. Foi o que fiz ao organizar a *Nova antologia poética* de Vinicius de Moraes — quando trabalhei em parceria com Antonio Cicero — e outras coletâneas do poeta, como *Poemas esparsos* e *Vinicius menino*, este último dirigido ao público infantojuvenil. Também tive a oportunidade de aproximar poesia escrita e canção em *Letra só*, coletânea voltada para a obra musical de Caetano Veloso, e *Veneno antimonotonia*, em que reuni letras e poemas de vários autores. Todos esses livros foram exercícios de crítica em que a subjetividade e o afeto tiveram papel decisivo.

sobre o ilustrador/ fabio zimbres

Desenho para conversar. Com as pessoas, mas também com as coisas. Acho que todo mundo já conheceu uma daquelas crianças que desenham horas e horas sem parar. Eu era uma dessas crianças. Desenhava, mostrava para os meus pais e isso era o início de uma conversa. Copiava os artistas de que gostava e assim também conversava com eles. E criava carros e aviões e dizia para eles, "agora saiam voando por estradas e cidades ou rumem direto para a Lua sem escalas". Como eu continuo desenhando, ainda tenho essas conversas, como no meu trabalho de ilustrador, em que eu converso com os escritores; eles lançam umas palavras de lá e eu pego aqui e respondo num desenho. É uma das conversas que mais gosto de ter.

Estudei arquitetura mas me formei em artes. Ilustrei um livro chamado *Panamá ou as aventuras de meus sete tios*, do escritor Blaise Cendrars, e criei com meu amigo Paulo Scott um projeto chamado Na Tábua, em que ilustro poemas e textos de vários escritores brasileiros.

Esta obra foi composta em Grotesque Mt
e impressa pela Gráfica Bartira em ofsete
sobre papel Alta Alvura da Suzano S.A.
para a Editora Schwarcz em janeiro de 2025